Guía de lectura

Escrita por Flore Beaugendre
Traducida por Clara Raposo Romero

La guerra de los mundos

de George Wells

Resumen
Express.com
GUÍA DE LECTURA
Cincuenta
sombras
de Grey
de E. L. James
GUÍA DE LECTURA

HERBERT GEORGE WELLS

ESCRITOR INGLÉS

- **Nacido en 1866 en el condado de Kent (Reino Unido)**
- **Fallecido en 1946 en Londres (Reino Unido)**
- **Sus obras más importantes son:**
  - *La máquina del tiempo* (1895), novela
  - *La isla del doctor Moreau* (1896), novela
  - *La guerra de los mundos* (1897), novela

Herbert George Wells (1866-1946) es un escritor británico de origen modesto, que creció en el condado de Kent. Realiza diferentes actividades antes de comenzar sus estudios de biología. Prueba en el mundo de la escritura y publica ensayos científicos, relatos y más tarde novelas de ciencia ficción como La máquina del tiempo (1895), La isla del doctor Moreau (1896), El hombre invisible (1897) o La guerra de los mundos (1897).

A Well se le considera el sucesor de Julio Verne y uno de los fundadores de la ciencia ficción moderna, capaz de conjugar lo imaginario con la ciencia ficción científica. En sus novelas introduce los principales ingredientes del género como los viajes en el tiempo y en el espacio que se vuelven, al mismo tiempo, un pretexto para criticar a la sociedad inglesa de su época.

LA GUERRA DE LOS MUNDOS

CUANDO LOS EXTRATERRESTRES INVADEN LA TIERRA...

- **Género:** novela de ciencia ficción
- **Edición de referencia:** Wells, Herbert George. 1968. *La guerra de los mundos*. Barcelona: Plaza y Janés, colección *Los clásicos del siglo XX*
- **Primera edición:** 1897
- **Temas:** extraterrestres, extraordinario, invasión, guerra, huida, miedo

La guerra de los mundos aparece en 1897 y se convierte en una de las novelas más conocidas de Wells. Un narrador nos cuenta desde el núcleo de la acción cómo los marcianos invaden la Tierra. Se inspira del choque cultural y el comportamiento de los europeos durante la conquista del Nuevo Mundo, y se convierte en una de las primeras novelas que representan un enfrentamiento entre extraterrestres y humanos. La novela da a luz a una auténtica mitología del Otro en el contexto de la ciencia ficción. Del mismo modo, es un pretexto para reflexionar sobre la moral del ser humano.

RESUMEN

LA «COSA»

Nos encontramos a finales del siglo XIX. En esta época el hombre no se imagina todavía que pueda existir en el universo seres de inteligencia superior. Sin embargo, en Marte el enfriamiento del astro pone en peligro la supervivencia de unos seres vivientes. En 1894, unos astrónomos observan unas luces brillantes parecidas a proyectiles viniendo del planeta rojo. Al poco tiempo, un meteorito se estrella en Woking, en el condado de Surrey. La multitud se agolpa alrededor de la «Cosa», que comienza a moverse: un extraterrestre sale con dificultad del misterioso cilindro. Los habitantes de Woking no tardarán en comprobar que el extraterrestre no viene en son de paz...

El viernes, unos hombres se acercan al cilindro con una bandera blanca como gesto de paz, pero un rayo de luz que surge del refugio de los marcianos los carboniza al instante: es el rayo ardiente, que destruye la landa sembrando el pánico entre la multitud. El narrador consigue escaparse y llega a su casa aturdido. El resto del mundo, indiferente, sigue su vida: no saben aún el peligro que corren.

LA INVASIÓN

Al mismo tiempo que las primeras fuerzas militares se dirigen al cilindro, cae en la Tierra otro cilindro. Al día siguiente, el ejército se despliega alrededor de estos dos misteriosos proyectiles, pero de nuevo, los marcianos responden con un rayo ardiente, que acaba con los alrededores de Woking. En ese momento, las criaturas salen de su agujero y aterrizan otros cilindros. El narrador se lleva a su familia a Leatherhead, para salvarla. A la vuelta, ve por primera vez trípodes mecánicos gigantescos que recorren las landas y destruyen todo el paisaje. Se refugia en su casa, desde donde completa a los marcianos ocupados en la destrucción. Divisa a un soldado que vagabundea por la calle y lo invita a entrar. Este artillero le cuenta el fracaso de su regimiento, que ha sido aniquilado por el rayo. Volverá a encontrarse con él un tiempo después en Putney.

El domingo, el soldado consigue convencer al narrador para que le siga hasta Londres en lugar de arriesgarse a ir a casa de su mujer. En el camino, se cruzan con una multitud de fugitivos y de soldados. Cuando llegan a Shepperton, cinco trípodes aparecen en el horizonte suscitando el pánico en las orillas del Támesis, pero un obús alcanza al que se encuentra más cerca, haciéndole caer en el agua. La furia se propaga entre los marcianos que aniquilan a la multitud con su rayo. Cuando los invasores se alejan por fin, el narrador, tras escapar por poco de la muerte, se pone en camino hacia Londres. Conoce a un vicario en pleno delirio, que ve en la llegada de los invasores la cólera de Dios.

El hermano del narrador, por su parte, vive en Londres donde está estudiando. Allí, la noticia de la llegada del cilindro no se conoció hasta el sábado, y hubo que esperar hasta el domingo para que el rumor de la catástrofe llegara hasta la capital. Por la noche, los fugitivos procedentes del Sur, siembran el pánico.

LA BATALLA

El combate causa estragos entre los marcianos, que a partir de entonces mejora su organización, y entre los hombres, impotentes ante la situación. Los trípodes se multiplican y los marcianos adquieren un nuevo arma que esparce un gas mortal, un humo denso y negro que cuando se propaga hasta las inmediaciones de Londres al amanecer del lunes, provoca la huida de la población, que se vuelven desde ese momento el blanco privilegiado para los marcianos. Sin embargo, estos no pretenden castigarlos más y prefieren ocuparse de Londres.

El hermano del narrador encuentra una bicicleta y consigue adelantar a la multitud. Pretende llegar a Harwich, en la costa Este, con el fin de abandonar el país. Durante el camino, salva a dos mujeres desamparadas con las que prosigue el camino. Unos marcianos intentan llegar a las embarcaciones. Uno de los acorazados presentes consigue destruir dos trípodes, antes de zozobrar. El pequeño barco con los fugitivos consigue continuar su camino hacia Bélgica.

El lunes, el vicario y el narrador, que sigue queriendo encontrar a su mujer, dejan la casa donde estaban escondidos del humo negro. Sólo ven paisajes de desolación. En Sheen se detienen en una casa. Sin embargo, un cilindro se choca en los alrededores, llamando la atención de los marcianos y obligando a los dos hombres a permanecer ocultos. Consiguen observar las obras de los invasores y sus prodigiosas máquinas, a pesar del terror que sienten. La relación entre el vicario y el narrador empeora debido a los lloriqueos egoístas del vicario y su rigidez de espíritu.

EL FINAL DEL VICARIO

En poco tiempo llega el rumor de que los marcianos capturan a los humanos para alimentarse de su sangre. El quinto día, las criaturas abandonan el cráter y dejan sólo una máquina de combate, lo que impide a los cautivos salir de la casa. Los pocos escrúpulos del vicario, que se apropia de unos cuantos víveres que había, los acaba distanciando aún más. El octavo día, el religioso, que se ha vuelto loco, intenta salir del refugio. Como se ve en peligro, el narrador le pega y lo deja inconsciente. Pero el escándalo llama la atención de un marciano, que se apropia del cuerpo del vicario. El narrador, por su parte, consigue esconderse y el quinto día, como no oye nada, sale de su escondite. Descubre un paisaje en ruinas, lúgubre, recubierto de hierba roja, una planta que han traído los invasores.

La multitud vigila al narrador que, en busca de comida, retoma el camino hasta Puntney sin encontrar a nadie, hasta que se cruza con el artillero que había perdido de vista en Shepperton. Este le expone sus improbables teorías sobre el futuro de la humanidad que, en su opinión, debe organizarse para vivir escondida en las alcantarillas. Aunque al principio lo admira y le consuela su presencia, el narrador se da cuenta al cabo de unos días junto a él de la vanidad de sus ideas y su falta de valentía.

LA VICTORIA DE LOS HUMANOS

El narrador se introduce en el corazón de Londres, vacío y destruido. Allí encuentra unos trípodes inmóviles, máquinas del revés y unos cincuenta marcianos muertos, asesinados por las bacterias humanas, ya que no eran inmunes a ellas. Loco de contento y en pleno delirio, el narrador agradece a Dios mientras la noticia se propaga por telégrafo en el mundo entero. Al cabo de tres días, una familia lo recoge y le comunica que Leatherhead ha sido destruido. Londres comienza a repoblarse y el narrador vuelve a Woking, convencido de que su mujer ha muerto. Cuando llega a su casa la encuentra en perfecto estado.

El narrador cuenta a modo de epílogo los estudios que los científicos han llevado a cabo sobre los marcianos y su tecnología. Del mismo modo destaca cómo ha evolucionado el pensamiento humano desde que ocurrieron los hechos y cómo se ha relativizado el lugar del hombre en el universo.

ESTUDIO DE LOS PERSONAJES

EL NARRADOR

El narrador y héroe de la historia es un periodista que vive con su mujer en Woking, en el campo al sur de Londres. El lector tiene muy poca información sobre él. Encarna a un testigo anónimo que representa a la humanidad durante la invasión. En concreto, simboliza el hombre culto y razonable que, sin embargo, no escapa del delirio ante la destrucción del mundo, ni a los comportamientos extremos que ello conlleva. De este modo, se trata de un personaje con matices, que no duda en matar al vicario para conseguir sobrevivir y está dispuesto a asumir riesgos para encontrar a su mujer.

Lo que Wells se propone no es, en absoluto, construir un personaje heroico sino proponer una visión realista de forma que el relato parezca verosímil. Así, la elección de este tipo de narrador permite al lector sumergirse en los acontecimientos e identificarse con él.

EL ARTILLERO

El artillero es un personaje anónimo también que representa al cuerpo del ejército. Cuando el narrador lo conoce, se muestra una visión estereotipada del personaje, completamente consagrado al deber: quiere encontrara a sus compañeros para retomar la batalla contra el invasor. Representa la eficacia y la resistencia humana y actúa según su papel en la sociedad.

El segundo encuentro proporciona una serie de matices al personaje: cuando el narrador encuentra al artillero en Putney, su personalidad luchadora y valiente se ha esfumado. Protege su territorio celosamente, con armas y recelo. Pero al instante se alegra de tener un interlocutor con el que compartir sus confusas teorías, aunque sea incapaz de hacer algo en concreto. Frente a la derrota de su mundo reacciona refugiándose en fantasías.

Al perder su estatus de soldado parece haber perdido también su capacidad de razonar y su sitio en la sociedad. Así, el personaje simboliza la desorganización social y la pérdida de valores que acompaña a toda catástrofe.

EL VICARIO

El vicario, anónimo también, encarna el orden religioso pero igualmente la debilidad del ser humano. «Pero era una de estas criaturas débiles y llenas de marrullerías que no hacen frente ni a Dios ni a los hombres, ni siquiera a sí mismas, almas huecas de orgullo, timoratas, anémicas odiosas» (Wells 1968, 574). Su comportamiento contradice sus creencias y lo que se espera de él: en una situación crítica está obligado a ayudar a los otros y a sacrificarse. Sin embargo, este representante de Dios se comporta como un cobarde y un egoísta, ya que se privilegia a sí mismo antes que al género humano: se adueña de los alimentos y se lamenta de su situación en lugar de rezar. De hecho, representa a este tipo de hombre que se amedranta a la mínima dificultad, lo que revela su verdadera personalidad.

Wells ofrece por medio de este personaje una virulenta

sátira de la religión y de su hipocresía. Al elegir a un vicario al que atribuye los peores defectos y que encarna el punto débil de la humanidad, consigue transmitir una imagen desacralizada de Dios.

LOS MARCIANOS

Los marcianos de la novela se presentan a través de los ojos del narrador y de su hermano. Algunas descripciones son muy precisas y ayudan a alimentar la imaginación de los lectores: «Eran grandes cuerpos redondos, o más bien grandes cabezas redondas [...]. Esta cara carecía de narices [...], pero sí tenía dos ojos oscuros y muy grandes, e inmediatamente debajo una especie de pico carnoso. [...]Agrupados alrededor de la boca tenían dieciséis tentáculos delgados...» (Wells 1968, 566).

Son criaturas extraordinariamente inteligentes y organizadas, mucho más avanzadas en la evolución que el ser humano. Sus avances científicos les permiten crear cilindros capaces de viajar en el espacio e inventar máquinas de guerra invencibles. Estos poderes contrastan con su aparente torpeza: la gravedad terrestre les impide desplazarse fácilmente y hace que parezcan inofensivos a primera vista. Sin embargo, los marcianos han llegado a un nivel de evolución superior: se componen de un gigantesco cerebro y utilizan máquinas sofisticadas como cuerpo, que consigue optimizar la energía del cuerpo. Sin embargo, en la Tierra necesitan sangre humana para alimentarse. Se comunican entre ellos con largo alaridos.

Aunque parecen crueles y sin alma, vemos que son capaces

de tener sentimientos hacia sus iguales: cuando cae uno de los suyos en Shepperton, los otros comienzan a vengarse y se llevan el cadáver. A ojos de Wells los marcianos se asemejan a los colonos que aniquilaron la población autóctona, adueñándose de las tierras que codiciaban y de sus riquezas, sin ninguna consideración por la población local.

CLAVES DE LECTURA

ESQUEMA ACTANCIAL

Emisor: los marcianos invasores

Objeto: encontrar a su mujer/resistir a la invasión de los marcianos

Héroe: el narrador/la humanidad

Destinatario: la humanidad

Ayudantes: los resistentes y las bacterias

Oponentes: el vicario y los marcianos

ESQUEMA NARRATIVO

Situación inicial: es el comienzo de la historia, el momento en que se plantea el contexto y donde se presentan los personajes; la situación está en orden, es decir, no hay ninguna razón para que cambien.

- En 1894 el narrador y su entorno llevan una vida tranquila en Woking, en el sur de Londres: «Todo parecía sereno y tranquilo» (Wells 1968, 446).

Elemento perturbador: es un acontecimiento que altera la situación inicial y que da a lugar a la historia propiamente dicha.

- Un misterioso cilindro se estrella en una landa cercana y parece ser una nave extraterrestre. Unos marcianos salen de la máquina.

Peripecias: son los acontecimientos que provoca el elemento perturbador y que conlleva la o las acciones emprendidas por el héroe que tienen como fin resolver el problema.

- Intrigados y convencidos de su superioridad, los humanos descubren que los visitantes han venido para luchar. Sufren de inmediato la superioridad de los marcianos que devastan el Sur de Inglaterra.

Desenlace: pone fin a las peripecias y conduce a la situación final.

- Los marcianos han vencido a la humanidad y la conducen a la esclavitud. Sin embargo, los marcianos son devastados por los virus terrestres, inofensivos para el hombre pero temibles para estos organismos no inmunizados. Contra todo pronóstico, el narrador encuentra a su mujer.

Situación final: es el final de historia. La situación recupera su estabilidad, como en la situación inicial, pero sufre una serie de cambios.

- La humanidad retoma su día a día, recuperándose y sacando provecho de los acontecimientos. Con su mujer, el narrador ve la vida desde otra perspectiva a partir de ese momento.

UNA NOVELA DE CIENCIA FICCIÓN

La guerra de los mundos es una novela de ciencia ficción: «Género literario o cinematográfico, cuyo contenido se basa en logros científicos y tecnológicos imaginarios» (*Diccionario de la Real Academia Española*). La definición de ciencia ficción está sujeta a numerosas controversias y definiciones debido a su vasto significado, y está sometida a la evolución de la sociedad y de la ciencia.

El género de la ciencia ficción se rige por una serie de códigos inmutables:

- en primer lugar, el autor propone una ficción desde una perspectiva realista, que utiliza argumentos científicos para los acontecimientos que se describen, al contrario que el género fantástico. La intriga se presenta como un hecho verosímil y permite que el lector se identifique con los acontecimientos;
- la intriga enfrenta al género humano con lo desconocido, siendo un pretexto para reflexionar sobre nuestra civilización. El hombre entra en contacto con el Otro, lo que permite retratar sus valores y sus puntos débiles;
- encontramos temas que se repiten en la ciencia ficción: la invasión extraterrestre, el viaje en el espacio y en el tiempo o incluso la desaparición de la humanidad. Otros temas se han puesto de moda recientemente con el desarrollo de las tecnologías, como las modificaciones genéticas o el mundo cibernético.

La guerra de los mundos responde completamente a las

exigencias del género. Wells sitúa la acción de su novela en un futuro próximo (la historia tiene lugar al final del siglo XIX y el autor publica su obra en 1897), proporcionándole un marco muy realista. Se basa en hechos científicos para construir su relato (consideraciones astronómicas, mecánicas, anatómicas, etc). Del mismo modo utiliza el contexto de su época e imagina la vida extraterrestre de una manera muy positiva (al final del siglo XVIII, el astrónomo Herschel señalaba las semejanzas entre la Tierra y Marte), y ofrece de este modo un relato que se anticipa a la realidad.

Por otro lado, Wells propone al lector una reflexión moral sobre el ser humano, su comportamiento y su sitio en el universo. La idea de la invasión marciana le vino a la cabeza cuando quería ilustrar los métodos de colonización de los europeos, en América o Tasmania.

La novela compara los sentimientos que este mundo alterado provoca en los hombres con los que pudieron sentir los autóctonos de las tierras inexploradas cuando los colonos llegaron y se apropiaron de todo su universo.

La guerra de los mundos es sólo un pretexto que utiliza el autor para que sus lectores tomen conciencia del impacto que tuvo la colonización, en plena expansión cuando Wells escribe su novela. De este modo, el autor se entrega a una sátira de la insuficiencia de sus contemporáneos, convencidos del poder supremo de su especie y su patria: «Con infinita suficiencia iban y venían los hombres por el mundo, ocupándose en sus asuntillos, serenos en la seguridad de su imperio sobre la materia» (Wells 1968, 439). No duda en ridiculizar los intentos de los hombres de expulsar a los invasores. En cuanto al heroísmo de la lucha, los marcianos ganan la batalla y masacran a los hombres, que no tardan en abandonar las apariencias para volver a los instintos primarios de supervivencia, como muestra el ejemplo del artillero al final de la obra. El relato de Wells hace más relativo el sitio que ocupa el hombre en el universo y nos hace reflexionar sobre la condición humana.

¡Su opinión nos interesa!
¡Deje un comentario en la página web de su librería en línea,
y comparta sus favoritos en las redes sociales!

PARA IR MÁS ALLÁ

EDICIÓN DE REFERENCIA

- Wells, Herbert George. 1968. *La guerra de los mundos*. Barcelona: Plaza y Janés, colección *Los clásicos del siglo XX*.

ADAPTACIONES

La novela de Wells ha tenido dos grandes adaptaciones cinematográficas:

- *La guerra de los mundos*. Dirigida por Byron Haskin, con Genne Barry y Ann Robinson. Estados Unidos: Paramount Pictures, 1953.
  Esta película, que se rodó durante la Guerra Fría, se asemeja a una película de guerra. La invasión marciana se vuelve un pretexto para llevar a cabo una reflexión más general sobre los conflictos de la humanidad. Se rodó en Estados Unidos y el argumento pone de relieve la destrucción del planeta.
- *La guerra de los mundos*. Dirigida por Steven Spielberg, con Tom Cruise, Dakota Fanning y Justin Chatwin. Estados Unidos: DreamWorks Pictures, Paramount Pictures, Amblin Entertainment y Cruise-Wagner Production, 2005.
  Spielberg propone una versión modernizada de la novela de Wells: solo conserva la trama, es decir, la invasión

marciana y su desenlace, adaptándola al modo de vida y a la mentalidad de su época.

www.resumenexpress.com

ISBN ebook: 9782806273857

ISBN papel: 9782806286314

Depósito legal: D/2016/12603/566

Cubierta: © Primento

Libro realizado por Primento*, el socio digital de los editores*